BEI GRIN MACHT SICH IHR WISSEN BEZAHLT

- Wir veröffentlichen Ihre Hausarbeit, Bachelor- und Masterarbeit

- Ihr eigenes eBook und Buch - weltweit in allen wichtigen Shops

- Verdienen Sie an jedem Verkauf

Jetzt bei www.GRIN.com hochladen und kostenlos publizieren

Trainingsplanung eines gesundheitsorientierten Ausdauertrainings

Verena Larissa Semmler

Bibliografische Information der Deutschen Nationalbibliothek:

Die Deutsche Nationalbibliothek verzeichnet diese Publikation in der Deutschen Nationalbibliografie; detaillierte bibliografische Daten sind im Internet über http://dnb.d-nb.de abrufbar.

ISBN: 9783346273055
Dieses Buch ist auch als E-Book erhältlich.

© GRIN Publishing GmbH
Nymphenburger Straße 86
80636 München

Druck und Bindung: Books on Demand GmbH, Norderstedt Germany
Gedruckt auf säurefreiem Papier aus verantwortungsvollen Quellen

Das Buch bei GRIN: https://www.grin.com/document/941198

Deutsche Hochschule für

Prävention und Gesundheitsmanagement

Einsendeaufgabe

Fachmodul: Trainingslehre II

Studiengang: Gesundheitsmanagement

Name, Vorname: Semmler, Verena Larissa

Studienort: **Köln**

Semester: **WS 2018**

Inhaltsverzeichnis

1 Diagnose

1.1 Allgemeine und biometrische Daten

Für eine beliebige Probandin wird eine Trainingsplanung für das Ausdauertraining erstellt. Zu Beginn werden anthropometrische Daten erhoben und eine Anamnese durchgeführt. Die genaue Körperzusammensetzung wird mittels der Bioelektrischen Impedanzanalyse (Edlinger, 2002) gemessen und der Blutdruck nach der auskultatorischen Messung nach Riva-Rocci ermittelt. Für einen genauen Ruhepuls hat die Probandin drei Tage lang noch vor dem Aufstehen ihren Puls gemessen und der Mittelwert daraus wurde erhoben.

Tab. 1: Diagnosedaten und Zusammenfassung Anamnese (eigene Darstellung)

Alter	25 Jahre	
Geschlecht	Weiblich	
Körpergröße	165 cm	THQ: 0,82
Körpergewicht	80 kg	BMI: 29,38 kg/m²
Körperfettanteil	22,6 kg bzw. 28,91%	Norm: (Weitl, 2019) bis 26%
Anteil Muskelmasse	23,8 kg bzw. 30,73%	Norm: (Weitl, 2019) mehr als 35%
Trainingsmotive	Abnehmen und Verbesserung Ausdauer	
Berufliche Tätigkeit	Notfallsanitäter im Rettungsdienst	
Frühere sportliche Aktivitäten	- Handball im Verein 2 Mal pro Woche (ca. 2 Stunden)	
Aktuelle sportliche Aktivitäten	- Ausdauerkurs einmal pro Woche (Dauer 1 Stunde) - Fahrrad fahren 1 – 2 pro Woche (ca. 2 Stunden)	
Zeitlicher Verfügungsrahmen	3 mal pro Woche ca. 1 Stunde	
Tagesblutdruck	126/83 mmHg (nach 30 Minuten sitzen)	
Ruhepuls	72 Schläge/Minute	
Krankheiten, gesundheitliche Einschränkungen	- während der Arbeit unregelmäßig Schmerzen im Bereich der Lendenwirbelsäule Skala 1 – 10 (1 - sehr schwach und 10 – sehr starke Schmerzen) Antwort: 3 Auf Nachfrage: Empfindung als Störfaktor - Keine weiteren gesundheitlichen Einschränkungen	
Medikamenteneinnahme	Keine regelmäßige Einnahme von Medikamenten	

Der Ruhepuls ist nach Weineck (2003) im Normbereich, welcher zwischen 60-80 Schläge liegt. Allerdings ist die Tendenz stärker zum oberen Wert.

Der Tagesblutdruck der Probandin liegt mit systolischem und diastolischem Wert in der normalen Normotonie. Tabelle 2 zeigt die Klassifikationen mit Hervorhebung der Kundenwerte.

Tab. 2: Blutdruckklassifikationen (modifiziert nach Mancia et al, 2013, S. 1286)

Bewertungsstufe	Systolischer Blutdruck	Diastolischer Blutdruck
Normblutdruck (Normotonie)		
optimal	< 120 mmHg	< 80 mmHg
normal	**< 130 mmHg**	**< 85 mmHg**
hochnormal	130 – 139 mmHg	85 – 89 mmHg
Bluthochdruck (arterielle Hypertonie)		
Stufe 1	140 – 159 mmHg	90 – 99 mmHg
Stufe 2	160 – 179 mmHg	100 – 109 mmHg
Stufe 3	>180 mmHg	> 110 mmHg

Das Ergebnis der BIA-Körperfettanalyse ist mit 28,91% deutlich über dem Normwert von 25% (Weitl, 2019) und als übergewichtig einzuschätzen. Aus dem Körpergewicht und der Größe berechnet sich der BMI, welcher aussagt das die Probandin mit 29,83 kg/m² übergewichtig ist und nahe an der Grenze zu Adipositas Grad I liegt (World Health Organization, 2000). Der Taillen-Hüft-Quotient (kurz THQ) bestätigt das Übergewicht mit einem Wert von 0,82 welcher bei Frauen auf Übergewicht schließen lässt (DGSP, 2007).

1.2 Leistungsdiagnostik/Ausdauertest

Aufgrund fehlender Planung ihres aktuellen Ausdauertrainings wird von einer eingeschränkten Grundlagenausdauer ausgegangen. Ein maximaler Ausbelastungstest kommt somit nicht in Frage. Somit bleiben noch die Testvarianten der WHO, der Hollmann- und Venrath-Test und der Walking-Test. Da die Probandin bereits ein bis zweimal die Woche Fahrrad fährt und ihr das Fahren Spaß macht wird der Test auf einem Radergometer durchgeführt.

Der Test wird nach dem Belastungsschema der WHO siehe Tabelle 3 durchgeführt, da die Probandin übergewichtig ist. Da sie nicht als komplett untrainiert eingestuft werden kann, wäre auch der Hollmann- und Venrath-Test eine Möglichkeit. Durch das Übergewicht und die vermeintlich fehlende Grundlagenausdauer fällt die Wahl auf den WHO-Test. Die Pulsobergrenze wird mithilfe der Voreinstufung IPN bestimmt (IPN, 2004).

Diese liegt bei 145 Schläge pro Minute und es gibt einen Aufschlag aufgrund des Trainingszustandes, da die Probandin zwei bis dreimal die Woche 1-2 Stunden moderates Ausdauertraining betreibt. Somit liegt die Pulsobergrenze bei 150 Schläge/Minute.

Tab. 3: Belastungsschema WHO (modifiziert nach IPN, 2004)

Testprofil	WHO-Schema
Eingangsbelastung:	25 Watt
Stufendauer:	2 min
Belastungssteigerung:	25 Watt
Umdrehungszahl:	60 – 80 U/min
Pulsobergrenze	Nach IPN
Testgröße:	Wattzahl der letzten Stufe (zeitinterpoliert)
Normbewertung:	Watt/kg KG

Folgende Tabelle 4 zeigt den gesamten Testverlauf des Fahrradergometertests nach dem WHO-Schema mit der Probandin.

Tab. 4: Testprotokoll Radergometertest (eigene Darstellung)

Submaximaler Eingangstest nach WHO-Schema auf dem Radergometer			
Geschlecht: weiblich	Alter: 25 Jahre	Gewicht: 80 kg	Blutdruck: 126/83mmHg
Eingangsbelastung: 25 Watt	Stufendauer: 2 Minuten	Belastungssteigerung: 25 Watt	Trittfrequenz: 70 U/min
Pulsobergrenze: 150 Schläge/Minute		Ruhepuls: 72 S/min	Datum: 22.11.2019
Zeit	Belastung	Herzfrequenz 1	Herzfrequenz 2
2 Minuten	25 Watt	102 S/min	110 S/min
4 Minuten	50 Watt	116 S/min	122 S/min
6 Minuten	75 Watt	127 S/min	133 S/min
8 Minuten	100 Watt	138 S/min	142 S/min
10 Minuten	125 Watt	147 S/min	149 S/min
12 Minuten	150 Watt	152 S/min	-
Watt gesamt	**125 Watt**	**Watt/kg**	**1,56 Watt/kg**

Der Test ergab bei der Probandin einen Wert von 125 Watt, welcher auf das Körpergewicht bezogen ein Ergebnis von 1,56 Watt/kg ergibt (125 Watt: 80 kg). Nach IPN (2004) liegt sie damit unter dem Durchschnitt. Optimal wäre für sie ein Wert von 1,70 – 2,00 Watt/kg. Nach der IPN Tabelle (2004) ergibt sich für die Probandin ein Belastungsfaktor von 0,58.

Abbildung 1 zeigt den Herzfrequenzverlauf und hier ist deutlich die Schnittstelle der mit Pulsobergrenze kurz nach 10 Minuten in der Stufe 125 Watt zu erkennen.

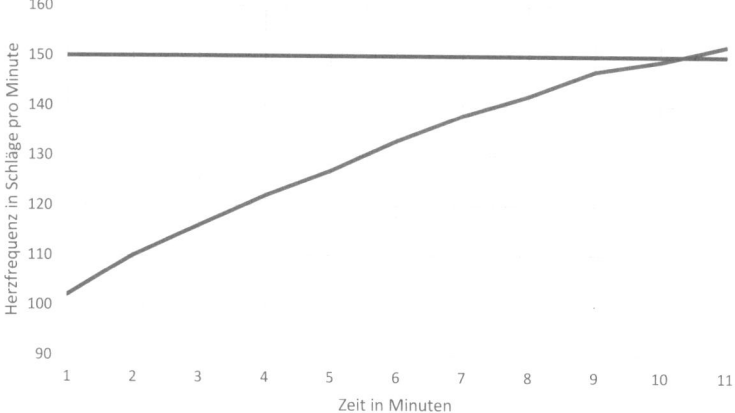

Abb. 1: Herzfrequenzverlauf Radergometertest nach WHO-Schema, weiblich, 25 Jahre (eigene Darstellung)

1.3 Gesundheits- und Leistungsstatus der Person

Die Trainierbarkeit der Probandin wird eingeschränkt durch die orthopädische Vorbelastung der Rückenschmerzen, durch das Übergewicht und einen leicht unterdurchschnittlichen Leistungszustand. Die Abbildung 1 zeigt einen gleichmäßigen Anstieg der Herzfrequenz über den Testverlauf. Desweitern bestätigt sich die Annahme der eingeschränkten Grundlagenausdauer. Der GA 1 Bereich liegt zwischen 60-75% der maximalen Herzfrequenz (Hottenrott, 2006). Diese beträgt bei der Probandin 175 Schläge/Minute (200 S/min – Lebensalter) und ergibt für die GA 1 den Bereich 105-131 S/Min. Die Obergrenze ist bereits nach 5 Minuten auf der zeitinterpolierten Leistungsstufe 62,5 Watt erreicht. Dies bestätigt die eingeschränkte Grundlagenausdauer der Probandin auf welche im Verlauf weiter eingegangen wird.

2   Zielsetzung/Prognose

Die Trainingsmotive der Probandin sind Abnehmen und die Verbesserung der Ausdauer. Im Anschluss an die Diagnose werden mit ihr drei Ziele erarbeitet, welche genau definiert und messbar sind. Bei der Zielsetzung für den Makrozyklus steht erstmal das Erreichen der Normwerte im Fokus.

Tab. 5: Zielsetzung (eigene Darstellung)

Inhalt:	Ausmaß:	Zeit:
Verbesserung erreichte Wattleistung beim WHO-Test	Steigerung von 1,56 auf 1,87 Watt/kg (20%)	6 Monate
Senkung Ruheherzfrequenz	Senkung um 8 S/min	6 Monate
Körperfettanteil reduzieren	Senkung von 28,91% auf 24%	6 Monate

Die Probandin möchte ihre Ausdauer verbessern und dies wird über ihre persönliche Leistungssteigerung im Ausdauertest gemessen. Hier liegt das Ziel auf dem Erreichen des Normbereiches für ihre Altersgruppe. Dafür wird nach jedem Mesozyklus ein Radergometertest nach dem WHO-Schema wiederholt. Für die Messbarkeit ist deswegen dieses Ziel in Feinziele unterteilt (vgl. Tabelle 6).

Tab. 6: Feinziele (eigene Darstellung)

Inhalt	Ausmaß	Zeit
Verbesserung erreichte Wattleistung beim WHO-Test	Steigerung um 5% → jeweils 0,08 Watt/kg	Alle 6 Wochen

Obwohl die Ruheherzfrequenz im durchschnittlichen Bereich liegt, ist diese als Ziel definiert. Dieser Normbereich von 60 – 80 S/min umfasst alle Altersgruppen und je näher der Ruhepuls an der unteren Grenze liegt desto weniger Arbeit hat das Herz.

Das dritte Ziel ist definiert mit Reduzierung des Körperfettanteiles, da die Person abnehmen als erstes Motiv nannte. Hierbei wird auch auf das Erreichen des Normwertes eingegangen. Dieser liegt unter 25% (Weitl, 2019) und eine Reduzierung des Körperfettes um 4,9% in 6 Monaten ist realistisch. Dabei muss die Probandin auf eine gesunde ausgewogene Ernährung achten, denn davon wird im Verlauf der Trainingsplanung ausgegangen.

3 Trainingsplanung Mesozyklus

Die Berechnung der Trainingsherzfrequenzen erfolgt nach der American College of Sports Medicine (ACSM). Dabei wird diese mit der prozentualen Intensität der theoretischen maximalen Herzfrequenz berechnet. Da diese Formel sehr vereinfacht ist, kann sie nicht für jede Zielgruppe genutzt werden. Personengruppe gleichen Alters trainieren mit derselben Intensität unabhängig davon ob sie sehr gut trainiert und sehr untrainiert sind. Die ACSM-Formel sollte somit nicht für die oben genannten Gruppen genutzt werden. Die Probandin ist als etwas trainiert einzustufen und fällt somit in den Mittelbereich. Deswegen kann die vereinfachte Formel für sie verwendet werden.

ACSM-Formel: THf = Hf$_{max}$ x Intensität (%)   *(vgl. ACSM, 2006)*

Die Probandin nimmt weiterhin an dem Spinning Kurs teil, welchen sie Samstag regelmäßig besucht. Er wurde bei der Trainingsplanung miteinbezogen um einer Überlastung vorzubeugen und den Aufbau der Grundlagenausdauer nicht zu gefährden. In den Trainingsplänen (vgl. Tabelle 7 und 8) ist er allerdings nicht aufgeführt, da die Probanden keine Pulsuhr oder ähnliches besitzt und somit keine genaue Intensität bekannt ist.

3.1 Grobplanung Mesozyklus II

Tab. 7: Grobplanung Mesozyklus II (eigene Darstellung)

Dauer Mesozyklus	6 Wochen
Trainingszielsetzung	• Ausdauertest: 1,7 Watt/kg (Norm) • Stabilisierung der Grundlagenausdauer • Schonende Einführung GA 2
Gesamttrainingsumfang	2 bis 3 Stunden pro Woche
Trainingsmethode/n	Extensive Dauermethode (2-mal) Variable Dauermethode (1-mal)
Belastungsintensität	60-75% Hf$_{max}$ (Fahrrad) 50-65% Hf$_{max}$ (Ellipsentrainer) 65-85% Hf$_{max}$ (Walking)
Trainingshäufigkeit pro Woche	3-mal
Trainingsdauer pro Einheit	60-75 Minuten (Fahrrad) 65-85 Minuten (Walking) 30-45 Minuten (Ellipsentrainer)
Ausdauertrainingsgeräte	• Fahrrad, Ellipsentrainer (extensive Dauermethode) • Laufband Walking (variable Dauermethode)

3.2 Detailplanung Mesozyklus II

Tab. 8: Detailplanung Mesozyklus II (eigene Darstellung)

Woche 1	Montag	Mittwoch	Freitag
Trainingsziel	Grundlagenausdauer 1	Grundlagenausdauer 1	Grundlagenausdauer 1
Tr.-Methode	Extensive Dauermethode	Variable Dauermethode	Extensive Dauermethode
Tr.-Intensität	60-70% Hf$_{max}$	60-75% Hf$_{max}$	60-65% Hf$_{max}$
Tr.-Herzfrequenz	114-123 S/Min	127-156 S/Min	117-127 S/Min
Tr.-Dauer	60 Minuten	30 Minuten (5:5)	40 Minuten
Tr.-Gerät	Fahrrad	Laufband	Ellipsentrainer
Woche 2	**Montag**	**Mittwoch**	**Freitag**
Trainingsziel	Grundlagenausdauer 1	Grundlagenausdauer 1	Grundlagenausdauer 1
Tr.-Methode	Extensive Dauermethode	Variable Dauermethode	Extensive Dauermethode
Tr.-Intensität	60-70% Hf$_{max}$	60-75% Hf$_{max}$	60-65% Hf$_{max}$
Tr.-Herzfrequenz	114-123 S/Min	127-156 S/Min	117-127 S/Min
Tr.-Dauer	70 Minuten	35 Minuten (5:5)	45 Minuten
Tr.-Gerät	Fahrrad	Laufband	Ellipsentrainer
Woche 3	**Montag**	**Mittwoch**	**Freitag**
Trainingsziel	Grundlagenausdauer 1	Grundlagenausdauer 1	REKOM
Tr.-Methode	Extensive Dauermethode	Variable Dauermethode	Extensive Dauermethode
Tr.-Intensität	70-75% Hf$_{max}$	60-75% Hf$_{max}$	50-60% Hf$_{max}$
Tr.-Herzfrequenz	123-131 S/Min	137-166 S/Min	98-117 S/Min
Tr.-Dauer	70 Minuten	40 Minuten (5:5)	30 Minuten
Tr.-Gerät	Fahrrad	Laufband	Ellipsentrainer
Woche 4	**Montag**	**Mittwoch**	**Freitag**
Trainingsziel	Grundlagenausdauer 1	GA 1/ GA 2	REKOM
Tr.-Methode	Extensive Dauermethode	Variable Dauermethode	Extensive Dauermethode
Tr.-Intensität	70-75% Hf$_{max}$	70-85% Hf$_{max}$	50-60% Hf$_{max}$
Tr.-Herzfrequenz	123-131 S/Min	137-166 S/Min	98-117 S/Min
Tr.-Dauer	75 Minuten	40 Minuten (5:5)	45 Minuten
Tr.-Gerät	Fahrrad	Laufband	Ellipsentrainer
Woche 5	**Montag**	**Mittwoch**	**Freitag**
Trainingsziel	Grundlagenausdauer 1	GA 1/ GA 2	Grundlagenausdauer 1
Tr.-Methode	Extensive Dauermethode	Variable Dauermethode	Extensive Dauermethode
Tr.-Intensität	70-75% Hf$_{max}$	70-85% Hf$_{max}$	60-65% Hf$_{max}$
Tr.-Herzfrequenz	123-131 S/Min	137-166 S/Min	117-127 S/Min
Tr.-Dauer	85 Minuten	50 Minuten (5:5)	45 Minuten
Tr.-Gerät	Fahrrad	Laufband	Ellipsentrainer
Woche 6	**Montag**	**Mittwoch**	**Freitag**
Trainingsziel	Grundlagenausdauer 1	Grundlagenausdauer 1	REKOM
Tr.-Methode	Extensive Dauermethode	Variable Dauermethode	Extensive Dauermethode
Tr.-Intensität	60-65% Hf$_{max}$	60- 75% Hf$_{max}$	50-60% Hf$_{max}$
Tr.-Herzfrequenz	105-114 S/Min	105-131 S/Min	98-117 S/Min
Tr.-Dauer	60 Minuten	30 Minuten (10:10)	30 Minuten
Tr.-Gerät	Fahrrad	Laufband	Ellipsentrainer

3.3 Begründung zum Mesozyklus

3.3.1 Wöchentlicher Belastungsumfang

Der wöchentliche Belastungsumfang der Probandin beträgt im zweiten Mesozyklus zwei bis drei Stunden die Woche. Da die Person abnehmen möchte ist ein gewünschter Effekt des Trainings eine Verbesserung des Fettstoffwechsels. Nach Muster & Zielinski (2006) besteht ein enger Zusammenhang zwischen dem Belastungsumfang und den Lipidwerten im Blut und die Empfehlung liegt zwischen drei und vier Stunden die Woche. Zu dem Trainingsplan nimmt die Probandin einmal wöchentlich an einem Spinning-Kurs statt. Da dies ein Ausdauerkurs ist wird er zeitlich mit eingerechnet womit das Pensum gut im Empfehlungsbereich liegt.

3.3.2 Ausgewählte Trainingsmethoden

Im zweiten Mesozyklus wird zweimal die Woche in der extensiven Dauermethode und einmal in der variablen Dauermethode trainiert. Die Belastungsintensität der extensiven Dauermethode liegt unter oder an der aeroben Schwelle mit einer kontinuierlichen Dichte (Zintl & Eisenhut, 2001). Das Ziel liegt auf der Verbesserung des Fettstoffwechsels, Senkung der Ruheherzfrequenz, Erhöhung des aeroben Stoffwechsels und Stärkung des Immunsystems (Zintl & Eisenhut). Die variable Dauermethode liegt zwischen der aeroben und anaeroben Schwelle und variabler Belastungsdichte. Dadurch entstehen breitere Anpassungen als bei der extensiven Methode, wie beispielsweise die verbesserte Laktatkompensation und eine verbesserte Umstellung zwischen den beiden Energiebereitstellungsarten (Zintl & Eisenhut). Somit wird die Probandin langsam an intensivere Trainingsmethoden herangeführt und erhält grundlegende Anpassungseffekte.

3.3.3 Angesteuerte Trainingsbereiche

Im Mesozyklus 1 wurde 6 Wochen an der Grundlagenausdauer mit der extensiven Dauermethode gearbeitet. Um diese weiterhin zu verbessern und zu festigen trainiert der zweite Mesozyklus ab der vierten Woche leicht die Grundlagenausdauer 2. Mit der variablen Dauermethode ist dies gut möglich. Hierbei liegt der extensive Bereich der Hfmax in der GA 1 und der intensive in der GA 2. Der prozentuale Anteil der Grundlagenausdauer 2 liegt in der vierten und fünften Woche bei je 13% und vom gesamten Mesozyklus beträgt er 4%. Hierbei geht es um eine langsame und schonende Gewöhnung der Probandin an den neuen Trainingsbereich.

3.3.4 Belastungsprogression

Die Belastungsprogression erfolgt nach dem Prinzip Häufigkeit vor Umfang vor Intensität. Die Probandin hat einen zeitlichen Rahmen von 3 Einheiten die Woche gesetzt, weswegen die Häufigkeit nicht weiter gesteigert werden kann. Somit wird zuerst schrittweise der Umfang erhöht von der ersten zur zweiten Woche jeweils um fünf Minuten. In der dritten Woche erfolgt die erste Intensitätssteigerung am Fahrrad und zum Ausgleich ist eine REKOM-Einheit am Ellipsentrainer integriert. Im darauffolgenden Mikrozyklus wird die Intensität beim Walking auf dem Laufband erhöht, wieder integriert mit einer REKOM-Einheit. Dies wurde bewusst gewählt, da die Probandin somit nur einen Intensitätswechsel in der Woche hat und der REKOM eine bessere Regeneration fördert. Somit wird der Überlastung vorgebeugt. Der fünfte Mikrozyklus steigert den Umfang bevor in der letzten Woche eine reduzierte Belastung erfolgt um die Grundlagenausdauer nochmals zu stabilisieren. Innerhalb der einzelnen Mikrozyklen liegt ein Be- und Entlastungsverhältnis von 2:1 vor.

3.3.5 Ausgewählte Ausdauergeräte & Bewegungsformen

Da die Probandin Spaß am Fahrradfahren hat, wird dieses in dem Trainingsplan berücksichtigt. Für ihr Ziel des Abnehmens sind ganzkörperliche Ausdauergeräte sinnvoller für sie, weswegen sie nur einmal wöchentlich das Fahrrad nutzt. Beim Ellipsentrainer und dem Walking auf dem Laufband werden mehr große Muskelgruppe genutzt als auf dem Fahrrad. Somit entsteht ein größerer Kalorienverbrauch. Auf dem Laufband walkt die Probandin, da joggen eine höhere Stoßbelastung auf den Körper bringt und dies mit ihrem Übergewicht nicht zu fördern ist. Sobald sie sich im Normalgewicht befindet und eine gute Grundlagenausdauer hat wird das Joggen hinzugenommen. Ein weiterer Vorteil ist die Mobilisierung der Wirbelsäule durch die ganzheitliche Bewegung auf dem Ellipsentrainer und dem Laufband. Durch die rotatorische Komponente wird die untere Rückenmuskulatur aktiviert. Die Durchblutung sowie der Muskelstoffwechsel verbessern sich und somit können die muskulär bedingten Rückenschmerzen gelindert werden.

4 Literaturrecherche

Tab. 9: Literaturrecherche - Effekte des Ausdauertrainings bei Diabetes mellitus Typ-2 (eigene Darstellung)

Titel der Studie	„The effect of glycaemic control of low-volume high-intensity interval training versus endurance training in individuals with type 2 diabetes."	„Endurance exercise training decreased serum levels of surfactan protein D and improved aerobic fitness of obese woman with type-2 diabetes."
Durchführung durch	Winding, K.M., Munch, G.W., Iepsen, U.W., Van Hall, G., Pederson, B.K., Mortensen, S.P.	Rezaei, S., Shamsi, M.M., Mahdavi, M. Jamali, A. Prestes, J. Tibana, R.A., Navalta, J.W., Voltarelli, F.A.
Publizierung	2018	2017
Forschungsfrage	Ist ein High-Intensity-Interval-Training (HIIT) genauso effektiv wie ein Ausdauertraining (END) in Bezug auf die glykämische Kontrolle, die körperliche Fitness und die Körperzusammensetzung bei Patienten mit Diabetes mellitus Typ 2?	Hat Ausdauertraining einen Effekt auf den Serumspiegel des Surfactantprotein D, dem Leptin, dem Lipidprofil und der Insulinresistenz bei übergewichtigen Frauen mit Typ 2 Diabetes?
Versuchspersonen	29 Probanden mit Typ 2 Diabetes	20 Übergewichtige Frauen mit Typ 2 Diabetes
Versuchsablauf	Die Probanden trainierten 11 Wochen lang dreimal in der Woche. Die END Gruppe trainierte 40 Minuten auf dem Fahrrad mit 50% Hf_{max} und die HIIT Gruppe 10 1-minütige Intervalle mit 95% Hf_{max} und einer Minute aktive Pause. Gemessen wurden die gylkämische Kontrolle, die Lipolyse, die VO_{2max} und die Körperzusammensetzung.	10 Probandinnen trainierten 10 Wochen lang täglich 30-55 Minuten mit 50-75% $Hf_{Reserve}$ (progressiv gesteigert über den Zeitraum). Gemessen wurden der Serumspiegel vom Surfactantprotein D, das Leptin, das Lipidprofil, Glukosegehalt, Insulinmenge und die VO_{2max}
Relevante Ergebnisse	Das HIIT erhöhte die VO_{2max} mehr als das END. Auch die anderen erhobenen Daten verbesserten sich signifikant. HIIT hat folglich gleiche, teilweise auch besser Anpassungseffekte als END bei Patienten mit Typ 2 Diabetes.	Das Gehalt an Surfactantprotein D sankt nach der Studie und die Probanden hat signifikante Verringerungen im Leptin Level. Der Glukosegehalt im nüchternen Zustand wurde günstig beeinflusst und die VO_{2max} signifikant erhöht.

5 Literaturverzeichnis

American College of Sports Medicine (ACSM). (2006). *Resource Manuel for Guidelines for Exercise Testing and Prescripition* (5. ed.). Philadelphia: Lippincott Williams & Wilkins.

DGSP (2007). *Leitlinien für die Vorsorgeuntersuchung im Sport von der Deutschen Gesellschaft für Sportmedizin und Prävention.* Zugriff am 29.11.2019. Verfügbar unter https://daten2.verwaltungsportal.de/dateien/seitengenerator/2013-1-dokumentationsbogen_klinische_untersuchung_tk.pdf

Edlinger, E. (2002). Die Bedeutung der bioelektrischen Impedanzanalyse (BIA) im geriatrischen Bereich. Journal für Ernährungsmedizin, 4 (4), 24-25.

Hottenrott, K. (2006). *Trainingskontrolle mit Herzfrequenz-Messgeräten* (1. Aufl). Aachen: Meyer & Meyer.

IPN. (2004). *IPN-Test® – Ausdauertest für den Fitness- und Gesundheitssport.* Köln: IPN.

Mancia, G., Fagard, R., Narkiewicz, K., Redòn, J., Zanchetti, A., Böhm, M. et al. (2013) 2013 ESH/ESC Guidelines for the management of arterial hypertension. The task force fort he management of artierial hypertension of the European Society of Hypertension (ESH) and of the European Society of Cardiology (ESC). *Journal of hypertension, 31* (7), 1281-1357.

Muster, M. & Zielinski, R. (2006). *Bewegung und Gesundheit. Gesicherte Effekte von körperlicher Aktivität und Ausdauertraining.* Darmstadt: Steinkopff.

Rezaei, S., Shamsi, M.M., Mahdavi, M., Jamali, A., Prestes, J., Tibana, R.A., Navalta, J.W. & Voltarelli F.A. (2018). Endurance exercise training decreased serum levels of surfactant protein D and improved aerobic fitness of obese women with type-2 diabetes. *Diabetology & metabolic syndrome, 9* (74).

Weineck, J. (2003). *Ausdauertraining. Trainingssteuerung über die Herzfrequenz- und Milchsäurebestimmung.* Balingen: Spitta.

Weitl, M. (2019). Angaben gemäß cardioscan GmbH, Valentinskamp 30, 20355 Hamburg. Zugriff am 07.06.2019. Verfügbar unter https://www.cardioscan.de/

Winding, K.M., Munch, G.W. Iepsen, U.W., Van Hall, G., Pedersen, B.K. & Mortensen, S.P. (2018). The effect on glycaemic control of low-volume high-intensity interval training versus endurance training in individuals with type 2 diabetes. *Diabetes, obesity & metabolism, 20* (5), 1131-1139.

World Health Organization. (2000). *Obesity: Preventing and Managing the Global Epidemic – Report of a WHO Consultation*: The Stationery Office Books (Agencies).

Zintl, F. & Eisenhut, A. (2001). *Ausdauertraining. Grundlagen Methoden Trainingssteuerung* (5. überarb. Aufl.). München: BLV.

6 Abbildungs- und Tabellenverzeichnis

6.1 Abbildungsverzeichnis

6.2 Tabellenverzeichnis

BEI GRIN MACHT SICH IHR WISSEN BEZAHLT

- Wir veröffentlichen Ihre Hausarbeit,
  Bachelor- und Masterarbeit

- Ihr eigenes eBook und Buch -
  weltweit in allen wichtigen Shops

- Verdienen Sie an jedem Verkauf

Jetzt bei www.GRIN.com hochladen und kostenlos publizieren